AF238397

Peter Steiner

Vom Glück der Stille

Peter Steiner

VOM GLÜCK DER STILLE

Edition Spuren

ERSTAUSGABE

© 2007 by Edition SPUREN
Rudolfstraße 13, CH-8400 Winterthur
edition@spuren.ch, www.spuren.ch

Text und Bilder: Peter Steiner
Umschlag- und Buchgestaltung: Marco Perini
Lektorat: Martin Frischknecht
Printed in Czech Republic
Druck und Bindung: Finidr
ISBN 978-90575204-5

WENIG wird so sehr unterschätzt wie die Stille. Unsere Sinne verlangen beständig nach Amüsement und Spektakel, Ruhe scheint kaum von Wert zu sein. Wir agieren und konsumieren, weil unsere Sinne uns dadurch Glück verheißen.

Aber in Wahrheit kann uns nichts so tief berühren wie die Stille. Der Zen-Meister Taisen Deshimaru sagt: «Die Stille ist unser tiefes Wesen.» Wenn wir uns selbst näher kommen wollen, ist die Stille Dreh- und Angelpunkt von allem.

Um sie kennen zu lernen, müssen wir nur damit beginnen, Dinge wegzulassen. Wir müssen alles Unnötige weglassen, um an das Wahre heranzukommen. So wie wahre Qualität durch das Minimieren von Unwesentlichem entsteht, so gehen wir auch hier vor: Wir lassen einfach das Spektakel und das Getue weg, und zum Schluss wird das übrig bleiben, worum es wirklich geht.

ABER DAS WEGLASSEN bereitet uns in der Regel eben Schwierigkeiten. Weglassen heißt verzichten – und Verzicht schmälert zunächst einmal unser Wohlgefühl. Das ist der Grund, weshalb es die Stille so schwer hat. Hinzu kommt, dass wir uns unter Stille überhaupt nichts vorstellen können. Jede Vorstellung braucht eine Erfahrung, und wenn wir die absolute Stille noch nie erfahren haben, können wir sie uns auch nicht vorstellen. Unsere Vorstellungen sind an Bekanntes gebunden, Unbekanntes können wir nicht in Erwägung ziehen, weil wir ja eben gerade keine Vorstellung davon haben.

Echtes Wissen beruht immer auf persönlicher Erfahrung. Wenn wir um eine Sache tatsächlich Bescheid wissen wollen, müssen wir sie selbst erlebt haben. Alles andere kann nur eine Beschreibung davon sein, aber nicht die Sache selbst.

WENN WIR STILLE also noch nie wirklich erlebt haben, können wir sie uns auch nicht vorstellen. Und mit Stille ist nicht etwa nur Lautlosigkeit oder Ruhe gemeint, sondern eine Dimension von einer absoluten Gegenwärtigkeit, die weit über jedes physikalische Phänomen hinausgeht: Es ist eine Ruhe, die zu unserem eigenen Zustand geworden ist. Wir selbst sind Stille. Es ist das, was Zeit und Raum überdauert, was uns unabhängig davon werden lässt und jenseits davon ist.

Das, was inmitten aller Veränderungen ganz und gar gleich bleibt.

DAS, WAS UNS als normal erscheint, hält uns gerade von der Erfahrung des andern ab. Unsere Sinne liefern uns die Eindrücke von dieser Welt, wie sie zu sein scheint – und darauf verlassen wir uns. Obwohl unser Seh- und unser Hörsinn erwiesenermaßen nur einen geringen Teil aus dem ganzen Spektrum an Möglichkeiten aufnehmen können, denken wir, dass dies die ganze Realität ist – und verhalten uns dementsprechend. Das hat noch nicht einmal etwas mit der Stille und ihrer unfassbaren Schönheit zu tun, es zeigt einfach, wie sehr wir uns auf unseren gewohnten Blick verlassen, obwohl uns völlig klar sein müsste, dass diese Sichtweise uns nur durch einen sehr kleinen Spalt sehen lässt. Wir sehen nur einen kleinen Teil von dem was ist.

Was also spielt sich hinter dem Offensichtlichen ab?

ROBERT LAX, der amerikanische Dichter, sagt: «Der Lärm kommt und geht, aber die Stille bleibt.»

Der Lärm, das ist unsere persönliche Realität. Die Stille ist das, was dahinter liegt: die absolute Realität.

Wir können uns diesem oder jenem zuwenden, und entsprechend wird unsere Sichtweise sein.

Es geht nur um unsere Fähigkeit, aufmerksam zu sein. Wenn wir unsere Aufmerksamkeit erhöhen, wird sich unsere Sichtweise verbessern. Sie wird sich sogar ganz deutlich verbessern. Vielleicht so sehr, dass wir mit einem Mal sehen, dass wir bisher gar nichts richtig wahrgenommen haben, sondern uns nur vom oberflächlichen Schein haben in Beschlag nehmen lassen.

WENN WIR uns in einer feineren Wahrnehmung üben, werden wir sehen, wie sich alles zueinander verhält. Etwas taucht auf und verschwindet wieder. Es hat einen gewissen Raum und eine gewisse Zeit. Es handelt sich um eine Bewegung, die aus etwas Tieferem kommt und irgendwann auch wieder dorthin zurückgeht. Alles, was erscheint und damit in unseren Sinnen auftaucht, ist nur eine Bewegung, die in ununterbrochener Veränderung begrif-

fen ist. Was wir sehen und hören, war einmal nicht da. Dann taucht es auf. Wir sehen und hören es. Dann verschwindet es wieder.

WOHER ABER KAM ES? Und wohin geht es? Was ist das, was es hat auftauchen und wieder verschwinden lassen?

Wenn wir präziser in unserer Wahrnehmung werden, können wir auf das stoßen, was all dem zugrunde liegt. Es entzieht sich zwar unseren Sinnen und ist deshalb für uns üblicherweise nicht wahrnehmbar, aber wenn unsere Aufmerksamkeit feiner wird, können wir es entdecken. Nichts von dem, was wir mit unseren Sinnen wahrnehmen, ist beständig. Früher oder später wird alles vergehen. Manche dieser Veränderungen vollziehen sich schnell, so dass sie offensichtlich werden, andere geschehen langsam, so dass wir uns der Veränderung nicht bewusst werden und die betreffenden Dinge irrtümlich für verlässlich halten. Aber irgendwann werden auch diese sich wandeln – alles ist allein davon abhängig, wann es geschehen wird und auf welche Weise.

«**DER LÄRM** kommt und geht, aber die Stille bleibt.» Wenn wir uns der Stille zuwenden, stoßen wir auf das, was bleibt.

WAS UNS DARAN HINDERT, das alles zu verstehen, ist die Tatsache, dass die Stille subtiler ist als der Lärm – deshalb nehmen wir sie inmitten des Lärms nicht wahr. Wenn wir unsere Wahrnehmung aber üben und verfeinern, wird die Stille zunehmend deutlicher.

Den Lärm hören wir, indem wir etwas tun, nämlich hören. Die Stille hören wir, indem wir nichts tun, nämlich schweigen. Die absolute Stille vernehmen wir, wenn alle Sinne schweigen und alles ruht: alle Gedanken, alle Bestrebungen, alle Bewegungen. Wenn in uns alles zur Ruhe kommt, werden wir uns unserer eigenen Stille bewusst. Sie ist immer da, aber wir können sie nicht wahrnehmen, weil der Alltag uns in Beschlag nimmt und wir agieren müssen, weil wir uns beweisen und uns bemühen und unseren Weg gehen wollen.

DIE STILLE hat mit all dem nichts zu tun. Und so treffen sich in ihr letztendlich alle Religionen, Philosophien, Denkweisen, Ansichten und Meinungen. In der Stille werden sie eins, hier lösen sie sich in der einen großen Wahrheit auf.

Diese Wahrheit ist da, wo sich nichts mehr widerspricht, wo sich alle einig und alle eins sind. Die Stille ist überkonfessionell, sie ist neutral und vollkommen ausgewogen, in ihr gibt es nichts mehr zu bekämpfen und nichts zu verbessern.

In der Stille ist jedes Streben nach Weiterem überflüssig – alles ist da. In ihr herrscht nicht mehr das Gegensätzliche vor, sondern das Vereinende. Was immer wir für unvereinbar gehalten haben, ist hier so selbstverständlich eins, dass wir erkennen, wie unsinnig es ist, uns die Köpfe einschlagen zu wollen, nur weil wir uns auf einer oberflächlichen Ebene möglicherweise nicht einig sind.

HIER IN DER STILLE ist alles sich Widersprechende bedeutungslos, denn wir sehen, was wirklich von Bedeutung ist. Das Unterschiedliche, das auf der Welt so sichtbar vorherrscht, scheint dabei eher eine Randerscheinung zu sein. Es gibt etwas, das weit darüber hinausreicht und alles vereint.

VIELLEICHT handelt es sich um eine Art ursprüng-
liche Weisheit, die nur aus der Stille sprechen kann
und sonst einfach überhört wird.

WENN WIR achtsamer werden, können wir das Gemeinsame hinter dem Unterschiedlichen wahrnehmen. Es wird uns vollkommen klar, dass wir, solange wir uns an der Oberfläche befinden, nur aus Meinungen bestehen, aber nicht aus Wahrheit. Denn da, wo wir durch unsere Sinne Unterschiede ausmachen, die unsere Meinung prägen, herrscht auf einer tieferen Ebene Verbundenheit. Diese Unterschiede sind oberflächlicher Natur. Wahrnehmen können wir das nicht, weil unsere Sinne genauso oberflächlicher Natur sind – und dazu gehören unsere Worte natürlich ebenso. Daher sagt Taisen Deshimaru, der Zen-Meister: «Die Stille ist der Beredsamkeit überlegen.»

WORTE können die Erfahrung von dem, was jenseits von ihnen liegt, niemals beschreiben. Wahres Verstehen ist daher immer ein «Verstehen ohne Worte». Denselben Ratschlag gibt auch der indische Weise H.W.L. Poonja: «Du musst alles gehen lassen, fallen lassen. Schlussendlich lass auch das Lernen fallen! Öffne dein eigenes Buch und sei still!» Oder auch: «Sei eine Zeit lang still und es wird sich offenbaren! Das ist mein Rat.»

«Sei still» als ganze Philosophie, als umfassender Ratschlag. H.W.L. Poonja, den seine Schüler auch liebevoll Papaji nannten, legte immer wieder dar, dass für das Erkennen der tiefsten Wahrheit nichts Weiteres nötig ist als die vollkommene Stille in uns selbst. Er sagt: «Bevor das Wort zum Wort wird, steigt es aus der Stille auf. Also sprich in Stille, höre in Stille! Für die Freiheit brauchst du keine Worte. Freiheit wird in Stille übertragen.»

WENN ES uns also gelänge, still zu werden, könnten wir es sehen. Aber wir sind in unseren Aktivitäten gefangen und werden von oberflächlichen Reizen belagert, so dass wir nicht an das herankommen, was wir suchen und wofür wir all diese Aktivitäten eigentlich auf uns nehmen. Wir starten Versuch um Versuch, unser Glück zu finden – und bleiben doch immer an der Oberfläche, wo es sich niemals wirklich wird finden lassen. Und gerade diese endlosen Versuche sind es, die den Lärm und die Unruhe verursachen, die uns nicht sehen lassen, worum es wirklich geht. Samdhong Rinpoche, ein tibetischer Lehrer, sagt: «Unser Geist ist kaum daran gewöhnt, darauf zu achten, was wir tun; gewöhnlich ist er nur halb bei der Sache, während der Rest in viele andere Dinge zerstreut ist. Er widmet sich zur gleichen Zeit verschiedenen Aktivitäten, wie hören, sehen und sprechen. Das macht deutlich, dass er nur sehr selten in der Lage ist, sich ausschließlich auf einen Punkt zu richten.»

ES IST ALSO unsere Aufmerksamkeit, die über alles entscheidet. Je nachdem wie wir sie einsetzen, werden wir die Dinge erkennen und entsprechend leben. Wenn unsere Aufmerksamkeit flüchtig und launisch ist, wird auch unser Leben flüchtig und launisch sein – weil wir vieles übersehen. Wenn wir unsere Aufmerksamkeit bewusst einsetzen, gewinnt auch unser Leben an Bewusstheit. Wir nehmen präziser wahr und treffen klügere Entscheidungen. Worauf wir achten, das wird Teil unseres Lebens. Das, worauf wir unseren Blick wenden, entscheidet über alles Weitere.

UND GENAU HIER ist der Punkt, an dem wir eingreifen können. Mit unserer Aufmerksamkeit entscheidet sich alles. Wir können sie verfeinern und steuern, und das wird große Auswirkungen haben. Je genauer und präziser wir wahrnehmen, desto bewusster werden wir uns gegenüber dem Leben verhalten. Die Fähigkeit, aufmerksam zu sein, ist sehr bedeutend. Wir nehmen die Dinge klarer und unmittelbarer wahr, und wir sind dadurch in der Lage, für unser Leben besser und erfolgreicher zu entscheiden. Unsere Aufmerksamkeit lässt sich schulen, verfeinern und entwickeln – entsprechend

verfeinert und verbessert sich unsere Sichtweise. Wir sehen die Dinge zunehmend so, wie sie wirklich sind, und nicht nur so, wie wir sie aufgrund unserer Angewohnheiten und Erwartungen zu sehen gewohnt sind. Mit dieser Entwicklung werden unsere Einschätzungen immer treffender und umfassender.

Alles entwickelt sich dadurch immer mehr in die Richtung, in die es gehen soll. Es gibt weniger Widerstand und weniger Leerlauf. Der Lärm in unserem Leben nimmt ab. Die Dinge werden ruhiger und weniger kompliziert.

STILLE hat nichts Esoterisches an sich, sie ist in erster Linie Übungssache und Wahrnehmungsweise. Wir beginnen, anders mit unserer Aufmerksamkeit umzugehen, weil wir wissen, wie prägend sie für unser Leben ist. Wenn wir der Stille einen Platz einräumen und sie zu üben beginnen, dann tun wir dies deshalb, weil wir wissen, dass unser Leben davon profitieren wird.

Wenn unsere Aufmerksamkeit durch Übung zunimmt, können wir sie geschickter einsetzen. Wir werden Dinge wahrnehmen, die wir früher übersehen haben und deshalb nicht nutzen konnten. Weil wir nicht darauf achteten, hatte es keine Bedeu-

tung für uns. Jetzt, wo wir sie sehen, können wir es für uns verwenden.

Die Qualität unserer Aufmerksamkeit ist die Basis unserer Entscheidungsmöglichkeiten. Je oberflächlicher wir wahrnehmen, desto oberflächlicher werden wir entscheiden. Je präziser unsere Wahrnehmung ist, desto zutreffender wird jede unserer Entscheidungen sein – und das bringt mit sich, dass unser Leben ganz von alleine einfacher und leichter wird.

DER ERSTE SCHRITT ist das, was man im Zen «den Geist schärfen» nennt: das Üben der Aufmerksamkeit. Normalerweise schweift unsere Wahrnehmung unruhig umher, nimmt jeden noch so geringen Reiz zum Anlass, um abzuschweifen, wendet sich im einen Moment diesem zu und im nächsten schon jenem. Nirgendwo verweilt die Aufmerksamkeit lange, stets wird sie von der Angst getrieben, irgendetwas zu verpassen.

Wenn wir unsere Aufmerksamkeit aber konzentrieren, gewinnt sie enorm an Kraft. Aus dieser Kraft kommen die Möglichkeiten, die uns die Stille entdecken lassen. Ohne ein hohes Maß an Aufmerksamkeit können wir die Stille nicht wahrnehmen, und ohne die Stille werden wir das Glück nicht finden, das unabhängig von den äußeren Umständen besteht.

AM ANFANG geht es einzig um die Aufmerksamkeit. Es gibt nichts anderes. Wir üben uns darin, unsere Wahrnehmung zu verbessern. Sämtliche Schulen der Meditation richten sich auf diesen einen wesentlichen Punkt aus – durch welche Methode dies auch immer erreicht werden soll. Wenn wir die Meisterschaft über unsere Aufmerksamkeit erlangen, erreichen wir das, was man «Samadhi» nennt: die Stabilität und Ruhe des Geistes. Unsere Achtsamkeit ist dann so ruhig und stark, dass sie in der Lage ist, sehr tief zu gehen und die Stille wahrzunehmen. Es ist wie die Ausbildung eines neuen Sinnes, eines Sinnes, der uns erst in die Lage versetzt, wahrzunehmen, was immer schon da war.

KODO SAWAKI, einer der außergewöhnlichsten Zen-Meister aller Zeiten, sagt: «Wir sehen nicht klar, weil wir uns von den Gewohnheiten unserer Augen, Ohren und Nase hinters Licht führen lassen.»

Das trifft den wesentlichen Punkt. Wir glauben, dass das, was wir wahrzunehmen gewohnt sind, die Wirklichkeit ist. Dabei handelt es sich eben nur um Gewohnheiten unseres Sehens und Hörens. Und noch einmal Kodo Sawaki: «Du hältst nur das, was in deinen engen Rahmen passt, für Wirklichkeit.» Diesen engen Rahmen müssen wir sprengen, um darüber hinauszugelangen und das Bedeutendere zu erkennen. Der Weg kann nur über unsere verfeinerte Achtsamkeit führen: indem wir sie präziser werden lassen und wir dadurch mit der Zeit nicht nur das Gewöhnliche und Gewohnte, sondern auch das Außergewöhnliche und Ungewohnte wahrnehmen können.

JE KLARER die Aufmerksamkeit wird, desto klarer nehmen wir das Feld der Stille hinter allem wahr. Und irgendwann wird unsere tiefere Wahrnehmung so mühelos und leicht, dass wir durch sie hindurch die ganze Schönheit dieser Zusammenhänge erkennen können. Nichts steht für sich alleine, alles ist Teil eines grenzenlosen Prozesses, der weit über das hinausgeht, was wir für unsere Realität halten.

Darin liegt das ganze Potenzial unserer Wahrnehmung. Wir richten sie einfach auf dieses oder jenes aus, und entsprechend werden unsere Erfahrungen sein.

Es gibt nicht mehr zu tun als das. Machen wir die Dinge nicht komplizierter, als sie sind! Wenn wir unseren Fokus verändern, wird sich alles verändern. Wenn wir das möchten, können wir das tun. Wenn wir es bleiben lassen, ist das auch in Ordnung. Es ist unsere Aufmerksamkeit, und es sind unsere Erfahrungen. Wenn wir keinen Grund sehen, anders damit umzugehen, dann sehen wir eben keinen Grund. Wir tun das für niemand anders als für uns selbst. Wenn es uns nicht interessiert, dann eben nicht. Wir können weitermachen wie bisher oder auch nicht. Wir können die Möglichkeiten nutzen, wir können es bleiben lassen.

WIR MÜSSEN einfach verstehen, dass dieser Hintergrund über alles entscheidet: was wir sehen, was wir nicht sehen, was wir wahrnehmen und was wir verpassen. Wir können die Welt nur so auffassen, wie unsere Wahrnehmung dies zulässt, denn unser Bewusstsein ist eine direkte Folge unserer Sichtweise. Zur Stille kommen wir, indem wir langsam unsere Sichtweise präzisieren. Je mehr sie sich verfeinert, desto offener und klarer wird sie. Wir beginnen wieder zu sehen und zu staunen. Es gibt immer weniger Langeweile, obwohl wir vielleicht immer weniger tun. Wir entdecken, dass da eine Qualität um uns ist, von der wir bislang keine Ahnung hatten. Und diese Qualität erstreckt sich auch über uns selbst – wir sind davon nicht ausgenommen.

ALL DIES hat nichts mit Denken zu tun. Das Denken scheint im Vergleich dazu geradezu eindimensional zu sein. Die Erfahrung und das Wissen dieser neuen Qualität gehen tiefer, und sie reichen weiter als jede Form von Denken und konventionellem Wissen. In dieser Qualität sind alle Gegensätze vereint und alle Fragen beantwortet. Nichts ist ausgeschlossen, und gleichzeitig widerspricht sich nicht das Geringste.

AN DIESEM PUNKT kann uns unsere geschulte Aufmerksamkeit bringen: indem wir sie so einsetzen, dass wir einen Sinn für all das entwickeln. Dieser Sinn ist uns durch die großen Ansprüche und durch die Nüchternheit des Alltags abhanden gekommen. Durch Übung holen wir diesen Sinn zurück. Wir «schärfen den Geist» und werden aufmerksamer. Und dann geschieht das, wovon der indische Weise Sri Nisargadatta Maharaj sagt: «Wenn Sie diese Erfahrung einmal gemacht haben, werden Sie nie mehr der Gleiche sein.»

ALLES BISHERIGE wird relativiert und macht Bedeutenderem Platz. Es scheinen neue Maßstäbe vorzuherrschen, und das Leben wird wie von etwas Neuem erfüllt. Wenn wir inmitten von all dem Vergänglichen das entdecken, was sich niemals ändert, dann werden wir mit etwas vertraut, das unser Empfinden für immer verändert.

Kodo Sawaki sagt zu diesem grundlegenden Erlebnis: «Das ganze Universum wird gefüllt von der einen wichtigen Sache deines Lebens.» Und dann noch: «Hier wirst du endlich das finden, was du seit Ewigkeiten selbst im letzten Winkel noch erfolglos gesucht hast.»

WENN unsere Aufmerksamkeit uneingeschränkt und offen ist, wenn sie durch keinen persönlichen Gedanken, keine einschränkende Vorstellung und keine gewohnte Reaktion mehr eingeengt wird, dann eröffnet sich einem diese befreiende Wahrnehmung. Ein Wissen und Empfinden ohne die Einschränkungen des Ich. Vielleicht ist dies das wahre Glück. Ein Glück, das von nichts Äußerem mehr abhängt.

Das reine Glück hat keine äußeren Ursachen. Es findet in uns selbst statt, ohne dass dazu

Weiteres nötig wäre. Und ist nicht vielleicht gerade dies das wahre Glück? Wenn einfach nichts Weiteres mehr nötig ist als das, was gerade ist?

SRI NISARGADATTA MAHARAJ sagt dazu: «Der ungezügelte Verstand mag gelegentlich den Frieden stören und diese Vision verfinstern, doch wird er immer wieder dahin zurückkommen, solange man sich darum bemüht. Bis dann eines Tages alle Fesseln gesprengt werden, die Illusionen und Verhaftungen sich auflösen und das Leben sich uneingeschränkt auf die Gegenwart konzentriert. Sie brauchen nur einen stillen Verstand. Alles andere wird von alleine geschehen, wenn Ihr Verstand erst einmal ruhig ist.»

Damit der Verstand ruhig wird, muss man auf die richtige Weise nichts tun. Leider aber kann man auch auf sehr falsche Weise nichts tun – und das führt dann natürlich zu nichts. Der Grat ist auch hier schmal, denn vieles, was von außen nach Nichtstun aussehen mag, ist nur ein Untätigsein mangels Alternativen.

BEWUSSTES NICHTSTUN ist jedoch außschliesslich davon geprägt, dass wir wirklich «nichts tun», weil wir eben wahrhaft nichts mehr erreichen wollen. Wir wollen nicht einfach nur Zeit überbrücken, bis sich wieder etwas tut. Wir wollen tatsächlich einfach nichts tun. Wir konzentrieren uns ganz und gar darauf, absolut nichts zu tun. Wir lassen geschehen, was geschieht, und wir lassen die Dinge sich verändern, wie es ihnen beliebt, sich zu verändern.

Wir denken nicht einmal daran, dass wir nichts tun. Es geschieht einfach. Wir denken über dieses Nichtstun nicht nach.

So erkennt man wahres Nichtstun eben gerade daran, dass man nicht einmal mehr merkt, dass man nichts tut: Das Nichtstun ist derart perfekt, dass nicht einmal ein Gedanke dazu auftaucht.

Und dann ist die Stille da.

DIE KUNST LIEGT NUN WIE BEI ALLEM DARIN, wie wir dahin finden können. Sri Nisargadatta Maharaj gibt uns einen kleinen Hinweis: «Sie brauchen etwas wesentlich Intimeres und Tieferes als nur vermitteltes Wissen, um im wahrsten Sinne des Wortes Sie selbst zu sein. Ihr äußeres Leben ist unwichtig. Sie können als Nachtwächter arbeiten und trotzdem glücklich sein. Was Sie im Innern sind, ist das Einzige, was zählt. Ihren inneren Frieden und Ihre innere Freude müssen Sie sich verdienen, und das ist wesentlich schwieriger, als Geld zu verdienen. An keiner Universität dieser Welt können Sie lernen, Sie selbst zu sein. Es gibt nur einen Weg, um das zu lernen: indem Sie es praktizieren.»

FÜR DAS PERFEKTE Nichtstun müssen wir zuerst einmal etwas tun: nämlich nichts. Und das müssen wir lernen. Sobald wir dies wieder gelernt haben, werden wir erkennen, dass es sich dabei um eine der wichtigsten Fähigkeiten im Leben überhaupt handelt. Nur wenn wir in der Lage sind, wirklich nichts zu tun, können wir in den Genuss der Stille kommen. Während die ganze Welt von uns verlangt, dass wir etwas tun, um etwas zu erreichen,

verlangt die Stille von uns genau das Gegenteil: tatsächlich absolut nichts.

Wenn wir für eine gewisse Zeit nicht in das Leben eingreifen, sondern einfach geschehen lassen, was geschieht, und beobachten, wie es geschieht, wenn wir keine weiteren Pläne darüber hinaus haben, wenn wir mit diesem kleinen Augenblick, so wie er ist, einfach zufrieden sind, weil wir nichts tun und nichts denken und deshalb auch nichts erreichen wollen, dann können wir an all das herankommen.

WIR TUN ALSO NICHTS, nicht das Allergeringste, und aus diesem Nichtstun und dieser absoluten Entspannung taucht die Stille auf. Wenn wir dann genau hinsehen, erkennen wir, dass es sich dabei um eine absolute innere Stille handelt. Sie hat nichts mit Dingen um uns herum zu tun, sie kommt aus uns selbst. Es ist nicht einfach nur eine Atmosphäre, die vorherrscht, wir sind es wahrhaft selbst.

Das sind Momente von ganz außergewöhnlicher Qualität. In ihnen können wir erkennen, wie wir ein Leben lang voller Unruhe hinter dem Glück her waren, aber auch, dass es genau diese Unruhe ist, die uns nicht finden lässt, wonach wir suchen.

Erst wenn wir das sehen, können wir etwas dagegen tun: indem wir eben sinnvollerweise manchmal nichts tun.

WIR VERGESSEN durch Übung all das, was uns sonst so in Beschlag nimmt. Wir werden einfach still. Wir verbinden uns wieder mit dem, was immer war und immer sein wird und von dem wir ebenso Teil sind wie alles andere auch. Wir finden zurück zu dieser tiefen Verbundenheit mit allem – und die kommt aus unserem eigenen Innern.

Das alles ist sehr einfach und klar, wenn es da ist, und es ist völlig unverständlich, wenn es fehlt. Aber es gibt bewährte Methoden, die helfen, damit es verständlicher wird. Man muss es nur tun. Darin liegt das Entscheidende.

IM ZEN sagt man, dass nur aus einem stillen Geist heraus vollkommen authentisches und richtiges Handeln möglich ist. Von einem unruhigen Geist geleitet, wird unser Handeln zwei- oder drittklassig. Der Geist ist getrübt und unklar wie aufgewühltes Wasser in einem schlammigen Teich, entsprechend können wir nicht mehr klar sehen und handeln. Durch aufsteigende Gedanken und vorherrschende Gefühle beeinflusst, können wir nicht mehr objektiv entscheiden – wir agieren stets unter falschen Vorzeichen. Wenn unser Geist aber konzentriert und ganz bei der Sache ist, erkennt er die Bege-

benheiten des Entstehens und Vergehens aller Dinge und Prozesse sehr deutlich. Wir können intuitiv erkennen, dass unsere Gedanken einfach nur Gedanken sind, weitgehend zufällig entstanden und ohne tatsächliche Substanz. Wir erkennen dann ihren wahren Wert, wir wissen, wofür sie gut sind und wie oft sie völlig überschätzt werden. Auf dieser Basis treffen wir die besten Entscheidungen – so wie sie aufgrund der Situation eben nötig sind. Wir nehmen klar und deutlich wahr, und daraus ergibt sich ganz von alleine, was zu tun ist. Wenn ausufernde Gedanken und aufwühlende Gefühle hinzukommen, wird alles gleich schwieriger.

Wir handeln dann nicht mehr spontan aus dem Moment heraus, so wie es der natürliche Lauf der Dinge wäre, sondern wir ziehen alles in Zweifel und staffieren die Wirklichkeit mit unseren eigenen Vermutungen aus, die mit dem wie es ist, meist nicht mehr sehr viel zu tun haben. Wenn wir aber in dem Zustand jenseits unserer Gedanken und Gefühle bleiben, können wir sehen, wie es wirklich ist – unbeeinflusst von unseren Denkschablonen und Pauschalurteilen.

DIE STILLE ist also weniger eine philosophische und schöngeistige Angelegenheit als vielmehr eine praktische. Wenn wir mehr in Übereinstimmung mit der Realität handeln, wird das Leben weniger aufwendig. Wo weniger Widerstand ist, minimiert sich der Aufwand ganz automatisch. Wenn wir nicht immer wieder unangebracht oder falsch entscheiden, weil wir die Dinge nicht richtig wahrnehmen und damit auch unpräzise einschätzen, dann erhöht sich unsere Trefferquote auf sehr angenehme Weise.

Wir sind aufmerksam und nehmen alles wahr, wie es ist. Und bevor wir uns noch bewusst entscheiden können, ist schon entschieden. Das Klügere in uns hat bereits entschieden, bevor wir ihm dreinreden können.

Wenn alles in uns schweigt, sind wir am besten. Dann agieren wir aus unserer eigenen Stille und Unvoreingenommenheit heraus.

Es gibt nichts, was vielversprechender wäre als das.

WIR MÜSSEN also aufmerksam sein. Aber das geht zuerst einmal nur, indem wir langsamer werden. Unsere Aufmerksamkeit gewinnt an Präzision und Intensität, wenn wir sie durch Langsamkeit ermutigen. Langsamkeit bedeutet, dass je Zeiteinheit weniger Information auf uns einprasselt. In diesem «Weniger» liegt eine große Qualität. Wir können unsere ganze Aufmerksamkeit auf weniger ausrichten, und dadurch nehmen wir dieses genauer wahr. Und wenn wir dann so langsam werden, dass wir nichts mehr tun, können wir tatsächlich alles unglaublich präzise wahrnehmen. Am Anfang ist es die Langsamkeit, die zur Konzentration führt und damit der Zerstreuung des Geistes entgegentritt. Wenn die Konzentrationsfähigkeit zunimmt, kann man das Tempo auch wieder erhöhen: die Aufmerksamkeit bleibt dann durch die Übung bestehen.

ZUERST aber ist es eine Frage des Tempos. Wenn man zu schnell zu viel will, verpasst man leicht das Wesentliche. Aber da man zu schnell unterwegs ist, kann man dieses Problem nicht einmal erkennen. Man verpasst das Wichtige und übersieht durch das Tempo sogar, dass man es verpasst. Nur durch eine gewisse Langsamkeit können wir sehen, was ebenfalls noch da ist. Vorher eilte alles an uns vorbei, ohne dass wir bemerkten, was eigentlich geschah.

Im ersten Schritt werden wir langsamer und können dann solche Zusammenhänge erkennen.

WENN WIR ABER LANGSAMER WERDEN, taucht meist ein Problem auf. Wir haben das Gefühl, etwas zu verpassen. Weil wir langsamer sind, können wir uns einer geringeren Zahl von Dingen widmen, und dies macht zunächst den Eindruck, als würden wir an Möglichkeiten einbüßen. Wenn wir aber dabeibleiben und genauer hinsehen, dann erkennen wir, dass es gerade das Tempo ist, das uns Wesentliches verpassen lässt. Geschwindigkeit erhöht zwar die Quantität des Erlebens, sie mindert aber zugleich ganz entscheidend die Qualität. Auf diese Weise geht sehr viel an Intensität, an Empfindung und an Übereinstimmung verloren. Denn das alles sind Qualitäten, die aus der bewussten Wahrnehmung kommen.

Wenn wir langsamer werden, können wir sehr genau beobachten, wie alles funktioniert. Ein Reiz taucht von außen auf, Gedanken tauchen auf, und es erfolgt eine automatische Reaktion. Dies geschieht alles so schnell, dass wir in der Regel absolut mechanisch reagieren. Wenn wir langsamer und bewusster werden, erkennen wir den gesamten Prozess unseres Verhaltens. Wir sehen, wie sehr wir mechanisch handeln und wie sehr wir von einem Standardprogramm angetrieben werden.

WENN WIR ZU SCHNELL UNTERWEGS SIND, bleibt uns immer nur reflexartiges Verhalten. Nichts geschieht dann mit Bewusstheit, alles läuft automatisch ab. Entsprechend geraten wir immer wieder in dieselben Situationen und haben immer wieder mit den gleichen Problemen zu tun, auf die wir auch stets in der gewohnten Weise reagieren.

Werden wir langsamer und sehen wir genauer hin, dann können wir nach und nach Einfluss auf diesen Ablauf nehmen. Durch mehr Bewusstheit erhöhen wir unsere Entscheidungsfreiheit. Wir reagieren weniger reflexartig und mehr den tatsächlichen Verhältnissen entsprechend.

DAS ALLES sind sehr angenehme Nebenerscheinungen, die sämtliche meditativen Verfahren mit sich bringen. So sagt der tibetische Lama Sogyal Rinpoche darüber: «In der Stille und Ruhe der Meditation erhalten wir einen Einblick in diese tiefe, innere Natur, die wir vor ewigen Zeiten in der Abgelenktheit und hektischen Geschäftigkeit unseres Geistes aus den Augen verloren haben, und kehren zu ihr zurück.»

Wir beobachten, was geschieht, und wir werten das, was wir sehen, nicht automatisch und voreingenommen, wie wir das in der Regel sonst immer tun. Wir verbessern die Qualität unserer Wahrnehmung, und mit jedem Mal verringert sich jener Automatismus, der uns immer wieder dieselben Probleme bescherte, weil er uns ewig gleich reagieren ließ. Shigetsu Sasaki Sokei-an, der Zen-Meister, sagt: «Wenn ihr euer Leben sehr sorgfältig beobachtet, werdet ihr die Faktoren finden, die darauf hinweisen, was ihr tun sollt. Folgt nicht blindlings! Um euer Leben zu erweitern, müsst ihr das Muster, das in euch enthalten ist, erkennen.»

SOLANGE wir alles werten, indem wir es mit unseren kleinlichen persönlichen Ansichten und Erfahrungen vergleichen, indem wir also denken und aufgrund unseres Denkens entscheiden, solange können wir unsere eigentlichen Möglichkeiten nicht wirklich ausschöpfen. Intuition und Kreativität sind ganz andere Prozesse. Sie beinhalten wesentlich mehr als nur Denken.

Dahin kommen wir durch die Übung der Meditation: reines Beobachten, ohne dass Gedanken sich dazwischenstellen. Mit Hilfe von Aufmerksamkeit und Langsamkeit dämmen wir die ungestüme Art unserer Gedanken ein, und das verschafft uns mehr Ruhe und Klarheit. Sogyal Rinpoche sagt: «In der offenen Weite der Meditation können Sie Ihre Gedanken und Emotionen mit einer völlig unvoreingenommenen Haltung anschauen. Wenn sich Ihre Einstellung ändert, verwandelt sich die ganze Atmosphäre Ihres Geistes bis hin zu Ihren Gedanken und Emotionen.»

WIR SIND aufmerksam und präsent, nehmen alles wahr, wie es ist, und handeln entsprechend. Das Leben wird selbstverständlich, und es wird einfach. Wir sehen, wie es sich abspielt und welche Rolle uns darin zukommt.

Der indische Weise Eknath Easwaran, Gründer des Blue Mountain Center of Meditation in Kalifornien, sagt: «Ehe ich das Meditieren praktizierte, hatte ich nicht die leiseste Ahnung, wer ich wirklich bin, obwohl ich ein zufrieden stellendes und erfolgreiches Leben führte.»

WIR KÖNNEN also sowohl das relative Gefühl von Zufriedenheit und Erfolg haben und trotzdem im Grunde ahnungslos sein. Wir können dieses relative Gefühl sogar durch manchen Trick jahrzehntelang aufrechterhalten. Wir können unser eigenes Tempo derart hochschrauben, dass wir nie genau hinzuschauen brauchen. Und wir können uns mit dieser hohen Geschwindigkeit genauso durchs Geschäftsleben bewegen wie durch die Vielzahl der spirituellen Angebote und Möglichkeiten. All das lässt sich auf die Schnelle abhaken, um uns das Gefühl zu geben, dass wir damit auf dem Weg sind, uns selbst zu finden – doch gerade das wird sich daraus mit Sicherheit nicht ergeben. Es wird alles nicht genügen.

Barry Long, ein australischer Meditationslehrer, sagt: «Solange du noch etwas suchst, bevor du die Stille erlangt hast, suchst du vergebens.»

Damit Suchen also einen Sinn macht, muss uns bewusst sein, wo wir zu suchen haben. Alles andere ist sinnlos, und es ist unbefriedigend.

AUFMERKSAMKEIT und Langsamkeit sorgen dafür, dass wir überkommene Vorstellungen hinter uns lassen und beginnen, feiner wahrzunehmen. Wenn

wir in der Lage sind, sehr aufmerksam und sehr langsam zu sein, werden wir auf eine völlig andere Qualität aufmerksam gemacht. Wir nehmen dann die Stille hinter dem Lärm wahr und erkennen das Vereinende hinter dem scheinbar Getrennten und sich Widersprechenden. Durch Aufmerksamkeit ergibt sich Präsenz, und diese Präsenz führt uns zur richtigen Zeit an die richtige Stelle. Mit einem Mal entdecken wir Schönheit an Stellen, wo vorher noch keine war, und wir sehen in Menschen Gemeinsamkeiten, wo wir zuvor lauter Widersprüche wahrnahmen.

DANN sind wir «voll und ganz» hier. Ohne jede Ablenkung können wir alles erkennen und wahrnehmen. Ohne dieses «voll und ganz» werden wir niemals an das herankommen, was das Leben ausmacht. Dafür müssen wir mit allem, was uns zur Verfügung steht, aufmerksam sein, und wir müssen in dem, was wir tun, eine vollkommene Präsenz erreichen. Chuck Norris, der Schauspieler und Kampfkunst-Lehrer, der gut mit dem Zen-Buddhismus vertraut ist, drückt das so aus: «Wer sich mit Haut und Haaren seiner Kunst widmet, sei es der Malerei, der Poesie oder irgendeinem anderen kreativen

Prozess, bewegt sich schließlich in Richtung Zen. Durch Zen erfahren die einfachsten Dinge, die profansten Verrichtungen innerhalb einer Kunst Wertschätzung und Verständnis. Zen gibt dem Künstler die Freiheit, sich von der Kunst tragen zu lassen. Die Kreativität wird nicht mehr von abgedroschener Planung und vorgefassten Ideen erstickt. Zen lässt einen sogar Freude an ‹Fehlern› verspüren: Was Außenstehenden als Missgeschick erscheinen mag, entpuppt sich dem Zen-Künstler als unverhoffter Wegweiser in die richtige Richtung.»

WENN WIR in dem, was wir tun, «voll und ganz» aufgehen, tun wir es einfach so; wir tun es, wie wir es tun müssen. Die Dinge scheinen sich von alleine zu ergeben und von gleich bleibender Wertschätzung getragen zu sein. Wir haben dann keine Urteile von außen mehr nötig. Was wir tun, kann nur so getan werden, wie wir es tun; mögen andere darüber denken, wie sie wollen. Wir tun es «voll und ganz», und für Zweifel ist darin kein Platz mehr. Wir wissen einfach, wie viel nötig ist und wann es genug ist.

Irgendetwas sagt uns das. Und dieses Etwas hat viel mit dem Hintergrund der Stille zu tun.

BIS WIR dies entdecken, hat unser Verstehen vor allem mit unseren fünf Sinnen, mit Worten und mit Argumenten zu tun. Wir nehmen mit unseren fünf Sinnen wahr, und die sind an die vier Dimensionen unserer Realität geknüpft. Wir tauschen uns durch Worte und Argumente innerhalb dieser Dimensionen untereinander aus.

Alles, was darüber hinausgeht, können wir nicht erfassen. Wir bewegen uns in der räumlichen und der zeitlichen Dimension. Unsere Sinne sind an die Erscheinungen auf diesen Ebenen gebunden. All das scheint uns ganz selbstverständlich zu sein. Und entsprechend richten wir unsere Aufmerksamkeit allein auf diesen Bereich aus.

Unsere Wahrnehmung wendet sich aus Gewohnheit dem zu, was wir kennen. Was wir nicht kennen, von dem können wir nichts wissen, und wovon wir nichts wissen, das liegt naturgemäß außerhalb unseres Interesses. Wie sollten wir uns auch für etwas interessieren, das uns nicht bewusst ist?

ALLEIN durch die Neugier, dass da noch etwas Weiteres sein könnte als das, was offensichtlich ist, werden wir über das Gewohnte hinausgelangen. Wenn wir unsere Aufmerksamkeit weiter unseren Gewohnheiten überlassen, kommen wir nur an das Gewohnte heran. Erst wenn wir den Fokus auf Unbekanntes ausrichten, entdecken wir Neues.

WENN uns am Glück der Stille liegt, müssen wir uns der Stille zuwenden. Das ist der Weg. Worauf wir den Blick unserer Aufmerksamkeit richten, das wird unser Leben bestimmen, weil es die entsprechenden Resultate nach sich zieht. Das ist keine Frage von besser oder schlechter oder von Moral. Vielmehr ist es eine Gesetzmäßigkeit. Wenn wir diese Gesetzmäßigkeit verstehen, haben wir die Freiheit, uns zu entscheiden. Wenn wir uns für die Entdeckung der Stille entscheiden, müssen wir tun, was dafür zu tun ist: Wir müssen uns der Stille zuwenden. Wir müssen der Stille Zeit und Interesse entgegenbringen. Diese Zeit und dieses Interesse investieren wir zunächst ins Nichtstun. Wir üben uns darin, auf umfassende Weise nichts zu tun. Dabei verschwenden wir keinen Gedanken an das, was sich derweil um uns herum abspielt. Wir tun nichts, und erstaunlicherweise entdecken wir darin irgendwann eine große Freiheit. Wenn wir nichts tun, haben wir kein Ziel und keinen Wunsch. Nicht einmal nichts tun, wünschen wir uns. Sich nichts mehr zu wünschen, darin liegt eine enorme Freiheit. Wir können dann gerade so sein, wie wir sind. Kein Wünschen veranlasst dazu, nach einer Veränderung zu streben.

Wir sitzen einfach da. Es wird still. Alles genügt, wie es ist.

Aus diesem Nichts kann dann etwas auftauchen, das jenseits der gewohnten Sichtweise liegt. Wenn wir frei von jeder Vorstellung dasitzen, werden wir durch nichts Bekanntes mehr eingeschränkt. Das Nichtstun befreit uns vom Diktat unserer Gewohnheiten. Wir tun für eine gewisse Zeit nichts, und das eröffnet uns sämtliche Möglichkeiten. Bis dahin hochgehaltene Vorurteile und Abneigungen treten in den Hintergrund und verlieren ihren Einfluss. Unsere fixen Vorstellungen lösen sich auf, und dadurch werden Dinge möglich, die zuvor außerhalb unserer Reichweite lagen.

Je näher wir der Stille kommen, desto mehr nehmen die automatischen Reflexe und Muster der Gewohnheiten ab und desto weiter wird der Bereich unserer Möglichkeiten.

Das Neue taucht auf, wenn das Alte seinen Einfluss verliert. Und mit einem Mal kann alles in einem ganz anderen Licht erscheinen.

GENAU an diesem Punkt setzen die Veränderungen ein. Wenn wir unsere Wahrnehmung verändern, werden wir das, was wir bisher auf vertraute Weise

gesehen haben, auf neue Weise sehen. Die Welt ist dieselbe, aber es gibt neue Zusammenhänge und eine neue Betrachtungsweise. Wenn wir innerlich still werden, tauchen unverhofft neue Qualitäten auf. Swami Omkarananda sagt: «Wir müssen das Tor der inneren Stille durchschreiten, um dadurch erst wirklich das zu sein, was wir unserem wahren Wesen nach sind. Und das Tor zu dieser tiefen Stille öffnet sich dann, wenn unser Geist, unser Denken, unser ganzes inneres Wesen zur Ruhe gekommen ist und zu ‹hören› beginnt, wenn es nur noch Ruhe und Stille ist ...»

DAS ALLES ist eine Frage der Übung. Wir üben uns darin und wiederholen die Übung. Manchmal geht es besser, manchmal geht es schlechter. Gedanken kommen und gehen, bessere Zeiten kommen und gehen. Ehrgeiz kommt und geht. In unserem Leben tauchen Menschen auf und verschwinden wieder. Wir sehen, wie alles erscheint und irgendwann ganz natürlich sein Ende findet. Aber durch das Üben erkennen wir auch, dass da etwas ist, das bleibt: die Qualität der Stille. Was immer auch geschehen mag, es geschieht aus dieser grundlegenden und tiefen Beständigkeit heraus; aus der Stille, ohne Anfang, ohne Ende.

UM DIESE QUALITÄT geht es letztendlich. Stille ist nur ein Name dafür. Wenn wir achtsamer werden, können wir es entdecken. Langsamkeit, Nichtstun und Meditation sind Hilfsmittel, um es nicht länger zu übersehen, um nicht länger achtlos daran vorüberzugehen. Wir schärfen damit unser Bewusstsein und üben uns in einer veränderten Form der Wahrnehmung.

Wenn uns das gelingt, dann bleiben wir nicht länger in unserer gewohnten, einseitigen Betrachtungsweise stecken. Wir sehen dann, was für ein enormes Potenzial hinter dem Offensichtlichen liegt. Eine perfekte Ordnung, die alles beinhaltet.

Swami Omkarananda sagt: «Ein Mensch, der diesen Weg gehen will, braucht nicht unbedingt eine Religion mit diesem oder jenem Dogma, sondern einen Geisteszustand, der ihm die Überzeugung gibt, dass etwas Unvorstellbares und Erhabenes jenseits unserer Gedanken und Vorstellungen der Hintergrund sein muss von dem, was unsere Sinne uns zeigen, etwas, das die Essenz der Dinge, die Essenz der Lebenskraft ist und das nur in der Stille unseres inneren Wesens wahrgenommen werden kann.»

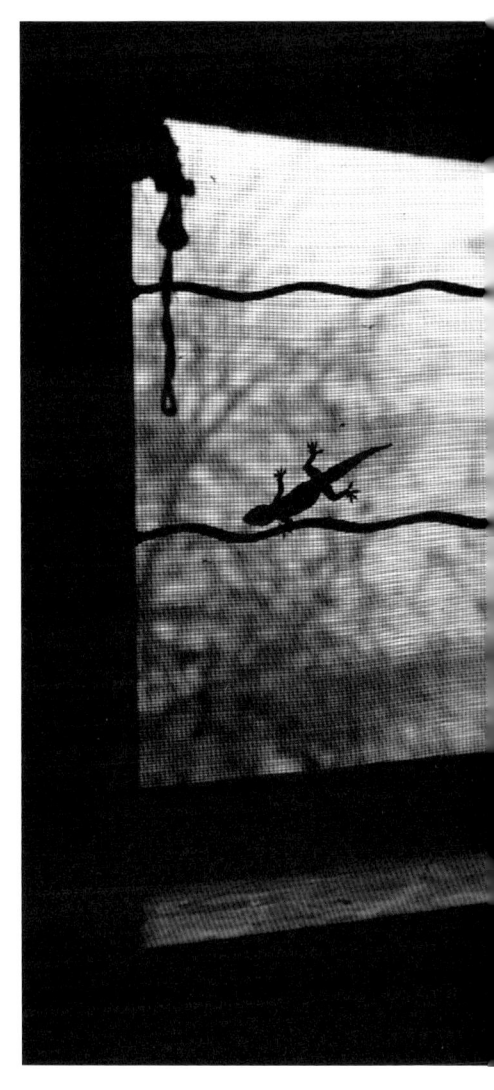

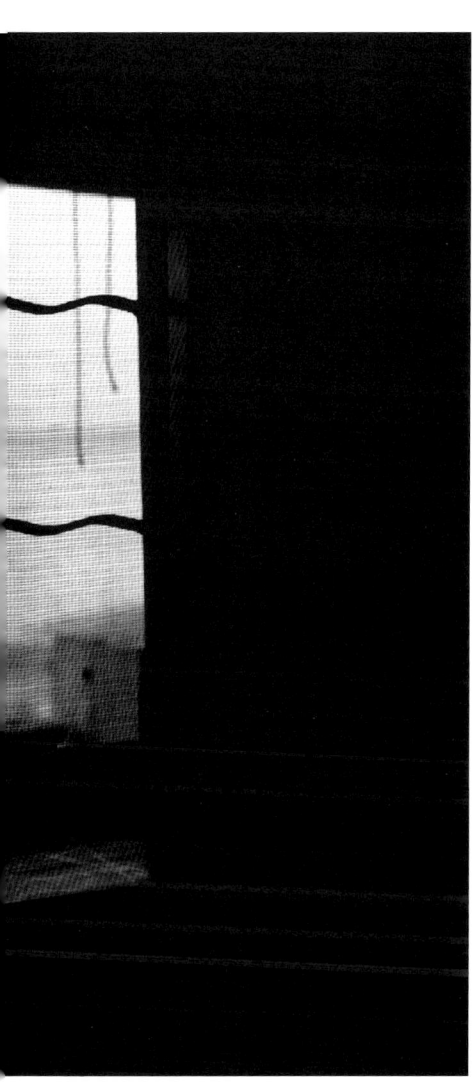

DIES zu entdecken, ist auch eine Frage der Geduld. Alles, was von außerordentlicher Qualität ist, lässt sich nur durch Geduld erreichen. Immer und immer wieder versuchen wir uns daran, wir tragen Schicht um Schicht ab, bis der wahre Kern zum Vorschein kommt. In der Welt des Lärms und der Ablenkung versuchen wir still zu werden, indem wir unsere Aufmerksamkeit in diese Richtung lenken. Wir erkennen das Spiel der Gedanken und unserer Sinne – und hinter, über oder unter alledem liegt das, was wir suchen. Mit der Zeit und mit dem Fortschreiten unserer Übung lassen wir die Gedanken, den Lärm und die Verlockungen immer mehr beiseite und sehen dann dieses andere. Nach und nach entwickeln wir die Fähigkeit, nicht mehr blind auf Gedanken und Reize zu reagieren. Das Leben geht weiter, mit all dem, was es zu bieten hat. Wir erfüllen unsere Aufgabe, aber wissen auch, was darüber hinaus nicht mehr nötig ist.

DAS KARRUSELL dreht sich fort, wir aber verfügen über die Möglichkeit, uns im stillen Mittelpunkt der Aktivität zu halten und alles von da aus zu beobachten: von da, wo es ruhig ist und von wo jede Bewegung herkommt. Manchmal zieht es uns viel-

leicht wieder hinaus, und die Bewegungen werden heftiger. Alles beginnt sich zu drehen, und der Gegenwind nimmt zu. Aber je häufiger wir nach solch einer Episode wieder in den Mittelpunkt zurückfinden, desto eher gelingt es beim nächsten Mal, uns darin zu halten und ruhig zu bleiben, wenn die Fliehkräfte des Lebens wieder zunehmen.

DIE STÄNDIGE RASTLOSIGKEIT nimmt ab. Alles wird einfacher. Die Dinge beginnen sich mehr und mehr von selbst zu entwickeln. Zwar verschwinden nicht alle Probleme, aber deren Stellenwert verändert sich. Indem wir das Unnötige reduzieren, minimieren wir immer auch den Ärger. Und weil wir uns auf eine Sache konzentrieren können, beginnt uns alles leichter zu fallen.

Wir erkennen, wie beschränkt unsere Wahrnehmung früher war und wie viel wir durch die Enge unseres Empfindens im Grunde verpasst haben. Stille mag sich nach wenig anhören, aber Stille ist in Wahrheit mehr als das, was vieles, für das wir einen großen Aufwand treiben, uns je wird bieten können.

DIE STILLE aber ist in unserer auf hunderttausend Verlockungen aufgebauten Welt auch nicht gerade leicht zu finden. Eine Vielzahl von Möglichkeiten verspricht uns Glück auf leichtere und bequemere Weise, auch wenn die Erfüllung dann immer von Dingen und Umständen abhängt, die sich jederzeit wieder ändern können, was diese Art von Glück entsprechend brüchig macht. Jedes Glück, das uns von außen zukommt, kann uns auch leicht wieder

abhanden kommen. Es kann so leicht entschwinden, wie es aufgetaucht ist. Wenn wir alles darauf aufbauen, müssen wir damit rechnen, alles immer auch wieder verlieren zu können.

Das Glück der Stille hingegen ist von nichts anderem abhängig als von sich selbst. Jederzeit und überall lässt sich darauf zurückgreifen, da dieses Glück nur eine Frage unserer eigenen Möglichkeiten ist.

WENN ENTSPANNUNG UND STILLE zum Maßstab werden, beginnt sich vieles zu verändern. Samdhong Rinpoche sagt: «Diese Praxis intensiver Konzentration entwickelt eine bestimmte Energie, die den Körper sehr leicht und zugänglich werden lässt. Später ergreift diese Energie auch den Geist und verleiht ihm ein sehr beseligendes Gefühl.»

Es ist wichtig zu verstehen, dass die Auswirkungen dieser Entwicklung auf unser Befinden äußerst konkret sind. Alles andere wäre bedeutungslos. Unser Leben ist das Maß, mit dem gemessen wird. Hier entscheidet sich alles. Was im Alltag keine Wirkung zeitigt, ist sinnlos. All unsere guten Vorhaben, all unsere Bekenntnisse sind ohne Wert, wenn wir nicht in der Lage sind, sie um-

zusetzen, und sich dadurch nicht etwas in unserem Leben verändert.

WIR ÜBEN DIE STILLE, mehr brauchen wir nicht zu tun. Wenn diese Qualität beginnt, sich in uns auszudrücken, ergibt sich alles Weitere von selbst. Wir brauchen das nicht einmal zu verstehen. Wir müssen es auch nicht erklären. Was es braucht, ist da, und wir orientieren uns in Richtung einer größeren Ordnung, hin zu Frieden und Harmonie. Wenn wir nichts mehr zu erzwingen versuchen, sondern einfach sehen, was ist, und entsprechend reagieren, geschieht genau das. Alles entwickelt sich zu seinem normalen Zustand hin. Das Einzige, was dem entgegensteht, ist all das, was wir mit großem Aufwand unternehmen, um damit letztendlich doch niemals das zu erreichen, was uns das Glück bringt, nach dem wir in Wahrheit suchen.

DIES IST der Grundgedanke einer jeden Meditationspraxis und Bewusstseinsentwicklung: Wir beginnen damit, indem wir uns darin üben, in der Zurückgezogenheit still zu sein. Wir ziehen uns in ein Zimmer zurück oder in einen Übungsraum und praktizieren für eine gewisse Zeit. Irgendwann wird unsere Konzentrationsfähigkeit stabiler, und unser Geist nimmt an Leistungsvermögen zu. Mit dieser Ruhe in uns treten wir hinaus in den Lärm der Welt – und verlieren die Stille meist sogleich wieder. Wir üben dann einfach weiter, und die Konzentrationsfähigkeit wird mit der Zeit zunehmen, selbst inmitten von Lärm und Unruhe wird die Ruhe in uns stabil bleiben.

Und eines Tages erkennen wir, dass es inmitten des Trubels und der Aktivität etwas gibt, das ruhig und unbeeinflusst von alledem ist. Es ist einfach da, im Zentrum von allem. Es war immer schon da, und es wird immer da sein.

Inmitten dieser turbulenten Welt voller Veränderungen finden wir das absolut Verlässliche.

WIR ALLE WISSEN durch die Entwicklung der Welt immer mehr, und doch laufen wir Gefahr, immer weniger zu verstehen. Das Wissen spielt sich an der Oberfläche ab, dort ist es von eindrücklicher Fülle, aber die Zusammenhänge gehen zunehmend verloren. In Einzelbereichen ist der Fortschritt beeindruckend, dennoch verstehen wir das, was uns selbst angeht, kaum besser als bisher. Die wichtigsten Fragen, die sich uns stellen, sind nach wie vor unbeantwortet.

ABER ES GIBT andererseits viele Möglichkeiten und Hinweise, wie wir unsere eingeschränkte Wahrnehmungsweise überwinden können, um mehr über unsere Realität jenseits des Offensichtlichen zu erfahren. Nicht unser rastloser Verstand wird es jedoch sein, der dem allem auf die Schliche kommt. Der Verstand macht sich zwar allerlei Gedanken, er erwägt und verwirft, vergleicht und zweifelt, aber sein Horizont ist beschränkt, und was dahinter liegt, kann er weder sehen noch erkennen. Doch gerade darum geht es.

WENN WIR zunehmend dem Tieferen, Intuitiven in uns vertrauen, handeln wir so, wie es in diesem Moment für uns gerade am besten ist. Wir sehen die Dinge sich entwickeln und gehen einfach mit. Etwas geschieht, und wir handeln. Etwas geschieht, und wir handeln nicht – je nachdem, was gerade nötig ist. Es gibt keine Ungeduld, weil alles so ist, wie es ist und anders nicht sein kann. In diesem Moment können wir einfach das Bestmögliche tun, was in diesem Moment möglich ist. Das ist alles. Wir sind aufmerksam und erkennen dadurch die feineren Nuancen. Sie sind es, die oft den wichtigen Unterschied machen, und das lässt uns besser entscheiden und handeln. Mit jeder Entscheidung, die wir ein wenig besser und weitblickender treffen, verändert sich unser Leben in eine bessere Richtung. Mehr können wir nicht tun, und mehr braucht es auch nicht.

WIR LASSEN UNS einfach nicht mehr so schnell von etwas irreführen, nicht einmal von uns selbst.

Dafür muss unser Geist ruhig, scharf und präzise sein. In diesem Verfassung ist er in der Lage, auch so etwas Subtiles wie die Stille wahrzunehmen. Ohne von irgendetwas abgelenkt zu werden,

sieht er durch alles hindurch: durch sämtliche Kulissen und damit auch hinter die Fassaden des ganzen Schauspiels. Nun kann sich unsere ganze Sichtweise berichtigen.

Wir entdecken die Stille und verstehen damit, was das Leben eigentlich ist. Wir können diese ganze Aktivität erst durchschauen, wenn es in uns selbst vollkommen still geworden ist. Dann stellt sich eine Reinheit des Empfindens ein, die uns ohne jedes Vorurteil in einer ungeahnten Tiefe wahrnehmen lässt.

Auf dieser Ebene hat Verstehen nichts mehr mit Wissen zu tun, sondern mit einer alles durchdringenden Intensität von Empfinden. Nach genau dieser Intensität haben wir ein Leben lang Ausschau gehalten, und wenn wir sehr still werden, taucht diese Intensität auf.

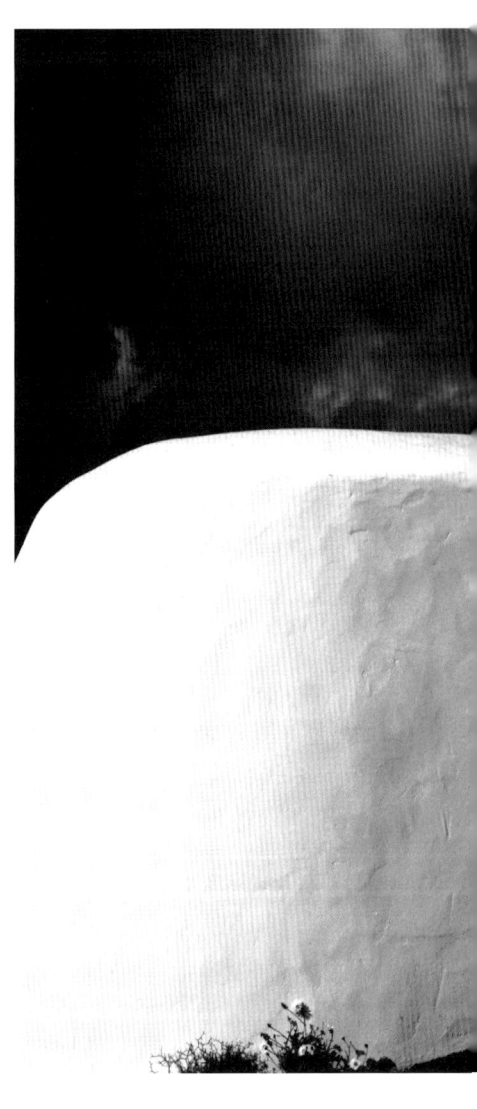

DIE FÄHIGKEIT, aufmerksam zu sein, ist dazu die Grundvoraussetzung. Die nötige Achtsamkeit entwickeln wir nach und nach, und wir verfeinern sie zunehmend, so dass wir immer mehr nicht nur sehen, was offensichtlich ist, sondern auch das Feinere und Subtilere aufnehmen. Damit gewinnt das Leben an Reichtum und Vielfalt, an Tiefe und an Qualität. Es ist die Achtsamkeit, die unser Leben wirklich zur Entfaltung bringt, und nicht die Menge an Möglichkeiten, die sich uns bieten. Schönheit hat nichts damit zu tun, dass uns eine große Auswahl vorgesetzt wird, sondern dass wir die Schönheit von etwas überhaupt sehen. Weisheit ist keine Frage von intellektuellem Wissen und von der Speicherfähigkeit des Gehirns, sondern von der Tiefe des Empfindens.

MACHEN WIR die Dinge nicht komplizierter, als sie sind. Wir müssen einfach nur genauer hinschauen. Genauer empfinden. Und schon wird vieles klarer. Wir sind auch nicht die Ersten, die auf diesem Weg unterwegs sind. Es gab viele vor uns, und es wird viele nach uns geben, deren Neugier nicht an der Oberfläche des Lebens Halt macht. Wir beginnen mit einer bestimmten Technik, die uns aufmerksamer werden lässt. Wir üben uns darin. Irgendwann ist die Technik verschwunden, und was wir durch sie gelernt haben, ist nun unsere Art zu sein. Die Momente der Klarheit und Einsicht in die Natur der Dinge werden zunehmen, zugleich leben wir einfach weiter. Die meisten um uns herum werden davon nichts mitbekommen, und das ist absolut kein Problem.

WENN WIR genauer erkennen, wird das, was nicht richtig ist für uns, ganz von alleine verschwinden. Es ist keine Frage von großen Bekenntnissen, sondern des stillen Wahrnehmens. Es müssen keine moralischen Verpflichtungen eingegangen werden, es reicht völlig, dass wir regelmäßig üben.

Was wir dafür an Lohn erhalten, taucht auf keinem Konto auf. Wir können vermutlich nicht einmal damit prahlen. Vielleicht werden wir sogar belächelt. Und wenn wir das, was wir da erleben, erklären sollen, fehlen uns die Worte für die Schönheit und für die Größe dieses Empfindens.

DIE FÄHIGKEIT, in der Stille zu sein, wird unsere Sichtweise verändern und erweitern. Unsere Wahrnehmung wird unmittelbarer und präsenter. Unser Handeln wird intuitiver. Wir werden immer mehr entscheiden, ohne viel überlegen zu müssen, aber die Richtigkeit dieses Vorgehens wird zunehmend deutlicher zutage treten.

WENN RUHE UND STILLE in uns zunehmen, kommt alles auf natürliche Weise in Ordnung. Sind wir hingegen im Stress und stehen unter Druck, gerät alles in Unordnung. Wenn die Dinge nicht so laufen, wie wir uns das eigentlich wünschen, hat das oft mit Unklarheit und Unordnung zu tun. Wenn wir der Stille einen Platz einräumen, bringen wir das wieder in Ordnung.

DAS MACHT UNS nicht zu perfekten Wesen. Wir erkennen aber, was uns in die Unruhe treibt und woher Zufriedenheit wirklich kommt. Wir finden heraus, was das Leben tatsächlich ausmacht, was es im eigentlichen Sinne ist. Und wir sehen, dass unser gewohntes Streben im Äußeren uns nicht dahin bringen kann, wo wir gerne hinmöchten.

ES WIRD uns immer ein bedeutender Teil fehlen, wenn wir uns auf das Agieren und das Sich-beweisen-Müssen in der Welt konzentrieren. Sobald wir auf der Ebene etwas erreicht haben, merken wir in der Regel, dass es uns doch nicht das brachte, was wir uns erhofft hatten. Wir steuern dann das nächste Ziel an, in der Hoffnung, es möge uns das bringen, was wir uns wünschen – aber auch diese Erwartung wird sich nicht erfüllen. Wir setzen uns Ziel um Ziel – und womöglich sind wir in einem gewissen Maße damit sogar erfolgreich –, aber im Innersten finden wir nicht das, was wir uns wirklich wünschen.

Wir setzen zu Karrieresprüngen an, wechseln Lebenspartner aus, verändern den Wohnort und finden nicht, was wir uns erhoffen. Für eine gewisse Zeit mag es scheinen, als würde uns dies zu Glück verhelfen, aber nach der ersten Euphorie stellen wir fest, dass uns immer noch etwas fehlt.

DAS, WAS FEHLT, ist in Tat und Wahrheit aber immer da. Nur nehmen wir es nicht wahr. Es ist eine Frage der Wahrnehmung und des Sehens, nicht des Erreichens und Findens. Wenn wir diese grundlegende Tatsache verstehen, werden wir beginnen, andere Wege zu suchen.

DANN WIRD das Leben zur Kunst. Wir entdecken um uns herum Dinge und Möglichkeiten, die wir bisher übersehen haben. Wir nehmen feinere Zwischentöne wahr, andere Zusammenhänge und zartere Abstimmungen in allem, was uns umgibt. So wie zwischen Schwarz und Weiß eine unglaubliche Anzahl von Grautönen liegt, die uns weitaus subtiler sehen lassen, als wenn Farbe alles übertönt, so ist es auch die Einfachheit, die uns in Wahrheit auf die Fülle von allem hinweist. Wenn wir beginnen, die Dinge zu reduzieren und auf ihr Wesentliches zu bringen, dann kommen wir an das heran, was wir auf den ersten Blick nicht sehen können, was in Wahrheit aber der Grund von allem ist.

Das ist das Erstaunliche: Wenn wir dem, was um uns herum ist, mehr Aufmerksamkeit schenken, werden wir ein Vielfaches davon zurückbekommen.

UND WENN wir da einfach weitermachen, wenn wir uns immer weniger vom schönen Schein, von der Unruhe und vom schnellen Effekt in die Irre führen lassen, dann taucht aus dieser Stille wie aus dem Nichts irgendwann eine völlig neue Sichtweise auf.

ES IST absolut still. Und doch ist mehr da, als wir uns je vorstellen konnten.

LISTE DER FOTOGRAFIEN:

LITERATUR:

Taisen Deshimaru-Roshi: Za-Zen / Die Praxis des Zen
(Werner Kristkeitz Verlag)

H.W.L.Poonja: Sei still (J.Kamphausen Verlag)

Sri Nisargadatta Maharaj: Ich bin
(J.Kamphausen Verlag)

Shigetsu Sasaki Sokei-an: Der Zen Weg
zur Befreiung des Geistes (Theseus Verlag)

Kodo Sawaki: Zen ist die grösste Lüge aller Zeiten
(Angkor Verlag)

Sogyal Rinpoche: Meditation (O.W.Barth Verlag)

Chuck Norris: Zen-Kampfkunst im täglichen Leben
(Werner Kristkeitz Verlag)

Barry Long: Meditation (J.Kamphausen Verlag)

Eknath Easwaran: Nimm dir Zeit (Bastei Lübbe Verlag)

Samdhong Rinpoche: Buddhistische Meditation
(Adyar Verlag)

Swami Omkarananda: Stille (DLZ-Service Verlag)

Weitere Bücher aus der Edition Spuren

GAIL SHER: SCHREIB DICH FREI

Zen für Kreative

Konzentration, Mut, Entschlossenheit, das sind Eckpfeiler des Zen-Weges, wie sie in der Meditation kultiviert werden. Gail Sher hat die Qualitäten des Zen aus dem Meditationsraum in die Schreibwerkstatt übernommen. Ermutigungen für Schriftsteller und solche, die es werden wollen. Eine gehaltvolle, ungemein anregende Schreibschule in 47 kurzen Kapiteln.
153 Seiten, gebunden, Euro 17.–/Fr. 28.–
ISBN 3-9521966-8-1

ANDRÉ VAN DER BRAAK: LIEGESTÜTZ ZUR ERLEUCHTUNG

Lehrjahre bei einem amerikanischen Guru

Andrew Cohen kam aus Asien und brachte das Feuer der Erleuchtung. Als André van der Braak ihm Mitte der achtziger Jahre begegnete, liess der junge Niederländer eine Karriere als Informatiker sausen und schloss sich Cohens «spiritueller Revolution» an. Doch der grosse Durchbruch liess auf sich warten, die Gangart wurde härter. Ein packender Rücklick auf elf Jahre Schülerschaft.
234 Seiten, broschiert, Euro 19.–/Fr. 29.–
ISBN 3-033-00037-1

LEO HARTONG: ZUM TRAUM ERWACHEN

Die Kunst hellsichtig zu leben

Leo Hartong behauptet nicht, in spirituellen Dingen etwas erreicht zu haben. Aber er hat einiges begriffen. Zum Beispiel die grundlegende Tatsache, dass wir immerzu träumen und es besser ist, zu wissen, dass man träumt, statt sich zu verlieren im Traum vom Erwachen. Denn wer hellsichtig lebt, hat die Freiheit, seinen Traum zu wählen – und darüber zu lachen.
206 Seiten, gebunden, Euro 19.–/Fr. 29.–

FABIENNE VERDIER: ZEICHEN DER STILLE

Eine Initiation in China

Die französische Kunststudentin Fabienne Verdier reiste 1983 ins kommunistische China, wo sie sich in die Geheimnisse der alten chinesischen Kultur einweihen lassen wollte. Die Landung auf dem Boden der Wirklichkeit ist hart. Doch nach etwelchen Mühen findet sie zu einem der letzten Meister, der bereit ist, sie in der Kunst der Kalligrafie zu unterrichten. Strich für Strich beginnt das Abenteuer ihres Lebens.

318 Seiten, gebunden, zahlreiche Fotos, Euro 23.–/Fr. 38.–
ISBN 978-3-905752-01-4

STEVEN HARRISON: NICHTS TUN

Am Ende der spirituellen Suche

«Wer sucht, der findet», heisst es. Im spirituellen Leben gilt jedoch häufig: «Wer sucht, der sucht ohne Ende» Woran liegt das? Nicht unbedingt an den Lehren und Meistern. Meist geht die spirituelle Suche in die falsche Richtung. Aus eigener Erfahrung weist der Autor einen grundlegend anderen Weg. Statt nach aussen führt er nach innen, hin zu Selbstbestimmung und Stille.

142 Seiten, gebunden, Euro 18.–/Fr. 28.–
ISBN 978-3-9521966-0-6

STEVEN HARRISON: WAS KOMMT

Kreativ leben in post-spiritueller Zeit

Gibt es etwas, das sich der Wahrnehmung und dem Denken entzieht, einen Bereich jenseits von Hoffen und Bangen, eine Wirklichkeit, die eigentlich ist, egal ob wir an sie glauben? Allerdings! Steven Harrison gibt nicht vor, diese Wirklichkeit zu kennen. Stattdessen wendet er sich dem zu, was kommt. Immer wieder: Was ist es, das sich als nächstes zeigt, was will das Leben von mir?

199 Seiten, gebunden, Euro 19.–/Fr. 28.–
ISBN 3-90575203-4